AF360340

ANDRÉ DE SÉIPSE

Lettres d'un Solitaire

sur les Maux

du Temps

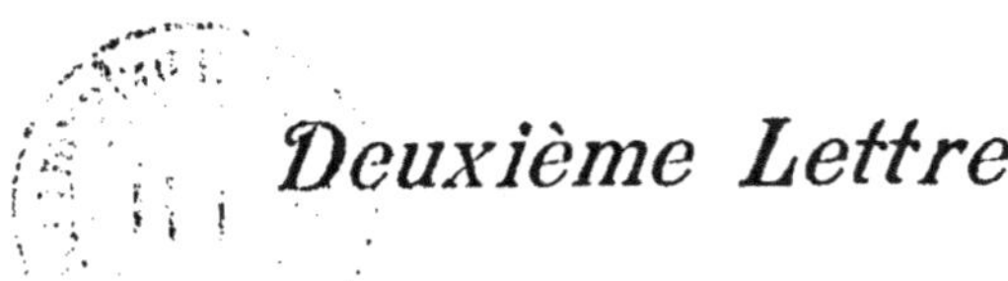

Deuxième Lettre

JULES LEMAITRE

PARIS

P. OLLENDORFF

Prix : 50 centimes.

JULES LEMAITRE

ANDRÉ DE SÉIPSE

LETTRES
D'UN SOLITAIRE

SUR LES MAUX DU TEMPS

Deuxième Lettre

JULES LEMAITRE

PARIS

LIBRAIRIE PAUL OLLENDORFF

28 *bis*, RUE DE RICHELIEU, 28 *bis*

1899

JULES LEMAITRE

———

Le 23 janvier 1899.

Je veux montrer les maux dont la France souffre dans les hommes qui les lui font. Le plus cruel, le plus invétéré de tous, — que ceux qui font le plus de mal à la France sont ceux-là mêmes qui se flattent de lui faire le plus de bien. Ils ne se connaissent plus. Ils s'abusent sur ce qu'ils sont et sur ce qu'ils aiment. Si c'est leur pays, ils mettent une espèce d'expiation à l'aimer, — et ils en font une vengeance contre d'autres. Ainsi leur passion même se propose vainement un noble objet : elle le dénature, parce qu'elle a sa source en des cœurs dénaturés. Ils s'imaginent laver leurs propres fautes dans quelque beau sentiment. Mais il les expient moins, qu'ils ne chargent leurs rancunes de s'y exercer. Et, dans le bien qu'ils prétendent faire, il y a d'abord leur vieux mal qui se dupe, qui se purge de soi-même, croient-ils, — quand, au contraire, il se cache, il s'entretient, et, toujours nourri du même amour-propre, ne vise au fond qu'à se venger.

Lemaître est au premier rang de ces hommes. Nul plus que lui n'est à l'image de Paris et de son temps. Son talent et ses vices; ses faiblesses et ses vertus défaillantes; son ancienne désinvolture et l'effort qu'il fait aujourd'hui, — tout ensemble est à la mode morale du moment, soit qu'il la fasse parfois, soit qu'il la suive. Et c'est en lui, d'abord, qu'on peut voir combien la vertu sans vertu est plus dangereuse que le vice à l'aise dans le vice. Car, après tout, le vice aisé, qui ne se force pas, a aussi son innocence. Le mauvais air ne se croit pas si mauvais; et il a des mirages admirables sur les étangs. Mais il serait bien insupportable qu'il se répandît sur la ville, sous prétexte de s'être purifié, et qu'il voulût que tout le monde s'en nourrît.

L'idée de l'homme futile qui rencontre la mort m'a toujours fait pitié. Je ne le prends plus tant en dédain que je ne l'ai en pitié, en le supposant dans cette terrible rencontre : quand, aux approches de la vieillesse, comme au tournant d'un chemin, le faiseur de tours, qui traitait en riant la tristesse, et tristement la gaieté, jetant les dés, annonce le coup de la mort, — et l'amène en effet. Il laisse tomber ses bras, et le gobelet roule à terre. Comme tout, alors, lui paraît morne... Et lui-même plus que tout le reste. C'est le jour où les sceptiques s'ennuient : non pas seulement de tout, — ce qui peut se comprendre, mais encore d'eux. Que la vie semble déserte... Que ne feraient-ils pas pour la peupler ? Mais ils s'efforcent inutilement. Les sources qui rafraîchissent le désert sont taries en eux.

C'est ainsi que je me représentai Lemaître, quand il commença de s'appliquer à la politique et à la morale, et qu'il quitta pour des sujets plus graves la corde roide des voluptés, où il s'avançait sans balancier.

Je vis Lemaître, laissant un soir le pavé terrible de Paris, et l'air empesté des théâtres, pour la plaine de sa campagne natale. Il y arrivait un matin du printemps mûr, où déjà se dore le fruit de l'été. La veille il avait heurté du front le ciel étouffant des coulisses, et ces arbres peints dont l'ombre est empoisonnée. Et maintenant il se réveillait avec le jour naissant sur l'heureuse prairie, et le soleil qui se levait, dans sa majesté puissante, à l'orient de la Beauce, sur l'armée pacifique des épis, espoir du paysan, lait des mères et des enfants, pain blanc que la terre donne au travail des hommes. La lumière, dont la pureté est ineffable, se répandit sur la plaine et sur ces blés qui la retiennent jusques au temps où ils sont d'or pur comme elle. Le feuillage frémissait de joie et de tendresse au souffle de l'aurore. Les oiseaux, qui semblent ne jamais faire de mal, s'empressaient dans leur tumulte matinal, autour des nids, se hâtant de branche en branche. Le coq chanta. La rivière, frissonnant de plaisir, se pressait doucement vers les moulins et le village. L'alouette prit son vol et s'éleva d'un seul coup, comme un cri de bonheur. Le ciel bleu, l'azur tendre de la France planait comme un lumineux sourire. Dans l'air serein, les fumées bleuâtres montèrent des maisons cachées entre les arbres : les hommes allumaient leurs feux. Partout la vie reprenait son cours interrompu par le sommeil de la nuit.

Et cet homme, venu d'un monde pervers, qui lui a toujours plu, et à qui il a voulu plaire, s'étant penché sur le ruisseau, et y ayant vu son image, recula d'effroi au souvenir de celle qu'il y avait laissée, un jour pareil à celui-ci, où enfant il s'y était miré.

« Qu'ai-je fait? Et que suis-je? pensa-t-il avec ennui. Est-ce moi? Ou l'ombre de ce que je ne suis plus et ne peux plus être? En devais-je venir là? — Je ne me reconnais plus moi-même. Il me semble ou me revoir mort ou me voir pour la première fois... Est-ce vraiment la mort, qui vient à moi, qui me glace de la sorte? Ou bien celle que je porte en moi?... Qui soit elle, c'est la mort, sans nul doute; et le vide affreux dont ma vie est faite... Quel bien ai-je fait? Ou quel mal n'ai-je pas dû faire ? — Mais je ne le sais pas moi-même, et je ne puis me répondre. Dans ce vide, tout se dissipe; rien ne s'y peut discerner. Si jallais mourir tout à coup?... Si je tombais soudain sur la face?... Pensée effrayante, et qu'il me semble, auparavant, n'avoir jamais eue. Je l'eus, sans doute; mais elle n'était pas toute moi, comme en cet instant. Voici la vie pourtant, et son enseignement magnanime : une œuvre pure, qui ne rougit point de soi au grand jour, qui cherche la lumière, et où sans fin la lumière se prodigue... Que fais-je enfin ? Corrompu, je corromps. Je pourris sur pied et je donne un fruit gâté, au milieu d'une pourriture qui s'admire, que je flatte parce que je m'y reconnais, et qui se flatte en moi, s'y reconnaissant. — Ou pour moi toute vie est perdue, ou il faut commencer une vie nouvelle... »

Il comprit alors les grands desseins de l'ordre et de l'État. Pour mieux y entrer, il se mit à défendre les puissants du monde et l'armée des généraux ; et, par la même occasion, il fit la guerre à la justice et aux juges. Ce fut sa manière d'embrasser la bonne cause. Avant de l'avoir vu à l'œuvre, on ne sait pas de quoi est capable un académicien sceptique quand il prend du dogme et se fait grave. Il ne faut pas le défier. Qu'on ne le mette surtout pas au défi d'être injuste. Il a la nature souple du comédien, — voire de la comédienne. Il peut jouer diverses sortes de rôles. Il rit, s'il faut rire ; et s'il faut pleurer, il pleure. Dans le moment même, il n'est pas bien sûr que ses larmes ne soient pas les plus tristes du monde. S'il va au cirque, peut-être bien se sent-il, par le plaisir qu'il y prend, l'âme d'un acrobate. Il est homme à jouer depuis la petite tragédie jusqu'à la parodie de la grande. Et homme à se jouer lui-même, le cas échéant. Le fond de son caractère est de prendre plus d'une forme, et peut-être de n'avoir pas lui-même de caractère. Son cœur en croit très

1.

aisément son esprit. D'intelligence libre, mais non sans parti pris serviles : il est envieux que ses préjugés, même les plus généreux, aient leur racine dans l'amour-propre. Spirituel comme il l'est, il s'en défie, quand il pense n'y voir que son intérêt. Mais si cet amour-propre lui présente habilement l'appât d'un intérêt général, où cependant le sien s'amorce, il en est dupe, se persuadant qu'il ne peut être dupé. De la sorte, le mandarin qu'il est cède la place au petit bourgeois, que le mandarin n'avait pas étouffé. L'instinct du petit propriétaire, le goût du terroir, l'amour de sa province et de sa vigne, — le mandarin les retrouve en lui; et il y sent un tel plaisir qu'il en fait des vertus nationales. Cet amour de soi, que le mandarin intelligent finit par mépriser dans ses pratiques mandarines, il le renouvelle à sa source et le confond avec l'amour de la patrie. Sentiment sincère; — passion non factice; humeur qui peut être féconde en bons effets, mais la source qui la produit n'est pas différente de cette autre, où le mandarin croit qu'il a fini de boire. Ces esprits souples, sans vertèbres, se plaisent, non pas à se contredire, mais à accorder en eux des sentiments et des idées contraires. Ce serait des contradictions en des âmes puissantes et passionnées. Ce n'en sont pas en celles-ci, qui sont légères, mais dangereuses, quand elles ne veulent plus l'être; et pour l'obtenir de soi, leur première démarche est contre autrui.

Laissez faire Lemaître : s'il se mêle de combattre pour l'ordre, il aura bientôt fait de ruiner les magistrats. Et d'abord, cet homme qui, hier encore, faisait de l'indulgence l'unique vertu, sans doute comme la seule où la sienne dût s'attendre, — il n'hésite pas à se montrer sévère. Car, pour lui-même, il est assez grave, désormais, pour ne pas craindre la sévérité. Cette fameuse pitié, dont il a fait jusque-là profession comme tous ceux de son temps, il la rend blessante et dédaigneuse. Il en réserve la douceur à ses amis, à lui-même, à tous ceux qui en ont le plus besoin. Du reste, n'est-ce pas lui qu'on a supplié d'avoir pitié de la France? — Il a entendu qu'il fallait l'avoir des mauvais soldats. En quoi il ne s'est pas trompé. Mais où sa gravité manque de suite, c'est qu'il en a conclu que la pitié pour les soldats coupables dût impliquer le mépris des juges justes. Ce bel esprit n'est pas encore rompu aux exercices graves. Ce sont des tours compliqués et des sauts périlleux, où l'on ne trouve pas la grâce du premier coup.

La pitié que la vérité pure ne soutient pas est une honteuse complaisance, qui cache des ulcères sous des vêtements blancs. Lemaître a choisi, parmi les vérités, deux ou trois lambeaux, qui lui plaisent; et il en voile plus d'une plaie. Car où aurait-il connu la vérité? — N'est-il pas l'homme, entre mille autres, qui a passé son temps à demander en se moquant: « Qu'est-ce donc que la vérité? » S'il s'arrête à quelqu'une, ce ne peut être qu'à une face séduisante du mensonge. Que m'importe, s'il est le premier trompé? Qu'allait-il faire dans le voisinage redoutable où la vérité nue se

défend, et laisse saisir à sa place des sirènes pa-
rées, apparences mensongères? — Le visage est
bien fardé, à ces vérités menteuses; mais on frémit
quand leur fard de pitié fond et tombe. Car c'est
celui-là qu'elles empruntent. Elles pardonnent tout
à ce qui leur plaît; et elles osent perfidement par-
donner au reste, qui ne veut pas de leur pardon.

Votre feinte douceur, Lemaître, le prend de bien
haut avec les victimes de l'ancienne violence. Pour
en reprocher à celles-ci de récents, vous vous résignez de bien bonne humeur à porter le poids des
crimes de vos ancêtres. A votre insu, vous montrez
par là que vous voulez faire peser aujourd'hui sur
les descendants de ces victimes la honte de leurs
ancêtres aussi. Ce sentiment est affreux. Voilà où
votre pitié de la patrie vous mène : à la dénaturer.
Vous la voulez ce qu'elle fut, et, d'abord, vous voulez ceux qu'elle a haïs, — haïs toujours, et tels
qu'ils furent. Certes, vous vous résignez facilement
au mal. C'est un reste d'hier, et de votre belle indulgence. Qui sait même si le mal ne vous semble
pas ce qui vaut seul la peine d'être indulgent? —
Craignez qu'on ne réponde par la pitié à cette pitié
injurieuse, que vous prodiguez à ceux qui ne pen-
sent pas comme vous, et dont vous étiez le gracieux
hier encore. Écoutez vos amis: ils savent jusqu'où
votre pitié est sincère; et, quand vous leur en
offrez le parti, entendez-les comme ils la repoussent.
Qui est vrai, d'eux ou de vous? Je m'assure que
vous l'êtes également. Je vous reconnais là, et plus
semblable à la plupart des autres que vous ne

croyez : vous pardonnez sans trop de peine aux victimes, mais combien plus volontiers aux bourreaux... Ils ont la force, il est vrai. Vous avez le nombre. Cette raison dispense d'en donner d'autres. Ne vous vantez pas, cependant, de votre indulgence pour les victimes, elles n'en veulent pas. Si ce petit nombre ne cesse pas de mériter un traitement juste, et qui leur est dû comme à tous les hommes, il ne voudra pas de votre pitié. Elle est plus cruelle que la violence, dont les menacent les violents. Car ils s'honorent de ceux-là, mais votre vérité est habile, dès les premiers pas, à servir la violence : demain elle en sera l'esclave. Et si c'est là votre vérité, que serait-ce si ce ne l'était pas?

La vérité, qui ne se cache point, et n'a pas deux faces, dira à la vôtre, qu'en elle, elle fait la guerre au mensonge. Le vieil homme ne meurt pas. La terrible nature réclame ses droits, dans le lieu, dans le moment même où l'on prétend les lui faire oublier. La femme folle de son corps maudit son corps et ses égarements, avec cette même folie qu'elle y servait. On ne s'échappe pas. Lemaître en est une preuve. Il ne pourra jamais faire, qu'il n'ait ri de ce qu'il y a de plus beau et de plus pur au monde; et du même rire qu'il a moqué ce qu'il y a de plus laid et de plus impur. De la sorte, ni il n'avait le véritable amour de la beauté, ni il n'a eu la vraie haine du mal. Sans amour et sans haine, il se jouait. Aimant ou haïssant, il se joue. Mais c'est vraiment soi-même que l'on joue, à la fin. On ne peut impunément jouer de tout. Il a traîné Hélène dans les rues de Montmartre ; cette divine créature, il l'a conduite à la mascarade. Les dieux se vengent : c'est leur plaisir. Hélène enlève maintenant son masque à Lemaître. Bien pis encore, elle lui en attache un, le plus ridicule et le plus barbouillé qu'on puisse voir.

Il y a, quelque part, un vieux procureur qui s'imagine tout d'un coup, quittant son siège, de jouer le rôle de Rhadamante sur la terre. On a peu connu de héros plus bouffon, et ce grand juge est surtout le Minos du carnaval. Il ressemble, à s'y méprendre, au serviteur de Bacchus, chez les Grenouilles, à qui tantôt la peur, tantôt la gloriole fait perdre le sens ; et il achève la pièce du comique. Au cours de l'illustre procès d'Eschyle contre Euripide, [et d'Athènes contre l'amour propre, voilà notre domestique saisi d'un transport d'austérité. Il s'élance dans la place du juge souverain, et il veut faire la loi, lui qui outrait le zèle à la servir. Qui ne rirait de le voir jouer un tel personnage ? Tantôt il portait la besace du maître. Et le voilà grand justicier. Tout est permis, avant le mercredi des Cendres. Xanthias s'affuble de la robe rouge, du glaive et des balances. Lemaître, qui tient l'épée de la France, lui fait accueil. Il va le prendre par la main. Et voici où le vieil homme reparaît, immortel comme il doit être : pensez-vous qu'il salue dans Minos le sombre substitut de Pluton ? Croyez-vous qu'il va rappeler les grandes robes rouges, qui relièrent la foi dans le sang ? Quel nom va-t-il lui

donner? Molé? — Lamoignon? — Aguesseau? —
Il a trouvé mieux : « Je vous salue, dit-il, made-
moiselle Lucie Herpin… » Et le farouche justicier
n'est plus qu'un bas-bleu. Lemaître, pour lui faire
gloire, donne un long détail de l'élégance, des
modes, des toilettes de la belle. L'illustre robe
rouge est un jupon. La toque a des plumes. Pour
peu qu'on ait le goût de l'austère justice, on s'en
ira bien, là-dessus, acheter pour un écu de ses
œuvres à Rhadamante. Les hommes graves, qui
sentent la nécessité de défendre la Patrie, feront
connaître Rhadamante Herpin à leurs filles et à
leurs femmes.

Mais ce n'est point assez : que Lemaître convie ce
grand juge à rendre la justice, dans le tribunal
même où Lemaître conçoit qu'un justicier la rende :
je veux dire au cirque, où Lemaître s'est toujours
plu ; où je gage qu'il a rencontré des clowns admirables pour faire les lois, ou des Paul et des Ulpien
incomparables pour faire des tours. Et, poussant la
conduite de Rhadamante jusqu'à son terme, qu'il
l'installe, qu'il l'assoie enfin, ce fameux juge debout, dans le plus haut trapèze : voilà son chêne
de Vincennes. Voilà le siège qui lui convient.

Le dilettante, c'est l'homme qui se joue. Qu'il le
veuille ou non, il se joue. Rien ne le vaut à sa
place. Mais il ne vaut rien, déplacé. En de certains
temps, qui sont assis sur leur base comme la grande
pyramide dans le sable, l'homme qui se joue a tout
son prix. Il est plus libre d'esprit que les autres.
Encore qu'il ne soit pas le plus intelligent de tous.

La pyramide ne craint pas tous les vents, ni les tempêtes qui font voler le sable. Mais, au contraire, dans le temps où les fondements, l'ordre et la loi sont sens dessus dessous, l'homme qui se joue ne se distingue plus de personne. Sinon par le degré. Tous font comme lui. Il n'y a que la manière qui les sépare. La meilleure de toutes et, peut-être, la plus dangereuse pour tous, je la trouve dans la gravité de cet homme quand, fatigué de jouer, il se fait grave.

Je vous le dis : la gravité d'un tel homme est un mensonge qui lui échappe. Pourtant, si honnête soit-il, selon l'honneur du monde, il l'est moins, quand il tient ce rôle, qu'au temps où il faisait scandale. Le parfait scandale n'est pas celui qu'on peut donner : c'est celui qu'on se donne. D'où vient un changement du cœur, où presque rien du reste ne coïncide, ni la vie, ni les goûts, ni même les paroles ? car il est admirable que les mots n'en étant plus pareils, la phrase demeure la même en son tour et son effet. D'où cette passion, qui semble déçue de soi, plus que n'était la déception familière d'antan ? D'où cette sévérité, où sonne malgré tout le grelot d'un paradoxe ? — Je le dirai, quoique j'y rencontre une de ces occasions que je fuis, — d'en rire amèrement : cette gravité, cette morale, ce faux changement, tout cet homme nouveau sort du plaisir, où vivait tout trempé le vieil homme. C'est le dégoût de soi, qui a fait naître cette recherche. Cette tragédie, comme la comédie d'hier, qu'est-ce, sinon toujours le divertissement et la comédie? — Il faut bien sortir de ses cendres. Et l'on brandit un tison qui n'est déjà rien que cendres. On espère se ragoûter à soi-même; ou plutôt, comme on ne le perd point, on veut changer le goût affadi de soi. On mangeait l'orange par l'écorce, où l'on suçait. Et on la veut manger par le dedans. Mais elle est sèche; elle n'a plus de suc; la pulpe est de la fibre morte; et je crains de reconnaître, si elle est juteuse en quelque tranche, de quoi est fait ce jus. Vous me tueriez, je ne le dirai pas. C'est une idée à me faire frémir.... La triste condition de ce voyageur qui, pris de soif sur la route affreuse de la mort, cueille le fruit unique pour se rafraîchir, et le trouve mort comme lui. Voilà la fortune maudite qui pèse sur l'homme de jeu : il s'est joué; la vérité le joue. Il aspire à la foi, mais d'une aspiration lasse. Il espère ; et ce n'est qu'un désespoir fardé. Je le plaindrais plus encore si je ne savais qu'à tout prendre, cet homme se retient au plaisir, sans jamais en être quitté. Le plaisir, qui l'a perdu à moitié, le sauve à demi. L'homme de cette nature ne compte même pas, du reste, faire jamais un entier de soi. Ce qui devrait l'accabler, — le console. Ce qu'il n'a pas lui est d'un étrange secours pour ce qu'il a. Et enfin, son désespoir ne va pas plus loin que ne pouvait aller son plaisir et ses voluptés. A deux pas. C'est rester bien en-deçà de la frontière.

Le vieil homme ne meurt pas. Si sa main gâtait les objets, il lui fallait trancher sa main. Il n'y a point d'eaux qui lavent cette vertu de décomposi-

1...

tion. Coupez-vous la main, ou n'en touchez plus rien, désormais. Vous changez d'objet. Mais c'est changer de mains qu'il faudrait. On ne le peut... Tranchez-vous donc la main. Allez : vous pouvez monter jusques au coude ; vous serez prudent ; et même jusqu'à l'épaule. Je ne dis rien de la tête. Le parti serait décisif ; mais, en vérité, trop héroïque. Quoique...

Voilà donc notre chancelier de L'Hôpital, et le philosophe académicien qui le suit dans sa disgrâce, et le console, comme un autre Brutus, non pas d'avoir immolé ses fils à la patrie, mais ces filles immortelles, la robe et la toque, trop étroites pour un si libre esprit. Un auteur, pourtant, n'oublie jamais l'auteur, en lui-même, ni dans les autres. Quand il mène sa femme au cimetière, il pense à en faire un chapitre. Et si l'Apôtre avait été homme de lettres, il eût demandé à Jésus-Christ de répéter les mots de son agonie... L'eût-il voulu, Lemaître ne pouvait s'empêcher de prodiguer à son chancelier les trésors de cette sagesse : il n'y pensa seulement pas. Par contre, il lui souvint, au plus fort des combats héroïques, que son chancelier livrait aux juges, que Brutus jadis avait été auteur, et qu'il avait fait des livres avant de sauver la République. Aussitôt, pour consoler Brutus d'avoir sacrifié ses filles, Lemaître montra les livres au peuple et les lui offrit. « Voilà, voilà des livres ! Et si c'est Brutus qui ajoute à leur prix, ou si ce sont eux qui en donnent à Brutus, je ne saurais assez le dire. Mais enfin, ce sont des livres dignes de leur auteur, et un auteur digne de ses livres. » Admirable harangue, et qui peint. Je l'abrège, quoique courte. Ajustée, comme pas une, au héros qui en fait l'objet et à celui qui la lui dédie, — l'un juge véritablement incorruptible, et l'autre philosophe vraiment stoïque.

Malheureux que vous êtes, — et qui, tous les deux, n'êtes que des auteurs pourtant. Les gens de lettres perdront la France. C'est à vous qu'on le voit ; et surtout depuis que vous ne vous bornez plus à l'être. Tout est à l'échelle, leur justice et leur complaisance, leur entendement et leur austérité. Voudriez-vous pas qu'il en fût autrement? Rappelez-vous cette indulgence qui ne va qu'aux plus indignes objets, comme on l'admire dans les homélies spirituelles du P. Donnay, le Racine de Lemaître, — et dans ce Corneille savetier, je veux dire d'échoppes, ce Corneille de Coppée. Et voilà bien ce qui fait de Lemaître le prédicateur du bien public, Monsieur des Folies-Bergère, sinon M. de Condom, notre Vauban et notre Bossuet. Attendez son Histoire des Variations, et son Sermon pour la Profession aux Carmélites de sa propre innocence. Mme de la Vallière revenait de moins loin. Elle n'était pas allée au cirque. — Que la candide imposture de tous ces gens-là m'ennuie... Je ne sais à quel excès de dureté ils porteront, s'ils forcent à venger enfin la gravité blessée, que leur gravité offense.

Mais que dis-je? L'Histoire des Variations? Il ne nous l'a pas fait attendre, il nous l'a donnée. Pour

lui, les Églises protestantes n'ont pas de secrets.
Il les démasque. Il les traîne au grand jour ; il les
confond ; elles lâchent pied à son approche. On ne
résiste point à sa dialectique et à son exemple. La
seconde Révocation de l'Édit a son docteur, le der-
nier Père de l'Église. La nouvelle Histoire des Variations n'est pas moins forte que l'autre ; elle est
aussi décisive ; en tout son égale, hors le ton, qui
est plus varié dans la nouvelle, grave à la fois et
badin, qui instruit en égayant, et va fort loin en
doctrine, mais sur un branle de danse. *Facetum
habemus doctorem...*

Cette histoire des Variations ! vous l'avez lue,
vous l'avez vue comme moi, et c'est l'*Aînée* qu'elle
s'appelle. A ce portrait fidèle, vous avez reconnu
Calvin et les mœurs de Genève. Vous savez, maintenant, ce qu'il faut croire du célibat des prêtres.
Vous avez dû convenir aussi que la théorie de la
grâce n'est pas si ennuyeuse qu'on la fait dans les
livres, et qu'elle est bouffonne quand on sait la
prendre dans son bon sens. Vous soupçonnez désormais pourquoi on accusa Luther de faire quel-
quefois le plaisant. C'est qu'il étudiait la grâce
selon le sens de Lemaître ; et la plus récente manière des théologiens. Il n'y a de même en cette
histoire qu'un soldat. Mais, comme il fallait s'y
attendre d'un si grave ami de l'armée, il a un rôle
héroïque. Peu s'en faut que ce ne soit un autre
Henry, et qu'il n'en mérite le nom. Ce héros ne se
trouve pas plus tôt avec une honnête fille qu'il
s'apprête... Vous m'entendez. C'est comme Henry

avec la vérité! Un prédicateur si spirituel ne con-
sent point que ses héros perdent l'occasion de
donner de l'esprit aux filles. (Fi, fi donc, qu'il m'y
fasse penser : je ne lui pardonne pas.) Admirez
comment ce Bossuet, n'ayant qu'un soldat à pein-
dre, sa partialité envers tous les soldats l'oblige de
faire en un seul le raccourci et la louange fidèle de
tous les autres. Le bon défenseur que l'armée a
là... Ce trait n'est rien ; mais ce sont les riens où je
m'attache, en parlant de ce grand caractère, qui ne
daigne pas se soucier des riens.

Sa Ligue se modèle sur lui. Cette bonne Ligue
n'a pas le temps de s'occuper des petits détails, ni
de défendre les juges. *De minimis non curat Magister*. Lemaître n'a pas le temps de penser si l'on
ne se sert pas de lui pour proscrire un petit
nombre de citoyens et le livrer à la fureur de la
foule. *De minimis non curat Magister*. Il n'a pas le
temps de savoir si l'armée, où il fonde la patrie,
n'est pas l'armée qui en fera la ruine. Il n'a pas
de temps pour le droit. Il n'en a pas à perdre dans
la recherche de la vérité. Car depuis quelques
jours, Lemaître prépare « son humble présent »,
et celui de la bonne Ligue, à un soldat qui revient
du Nil, où il a partagé les souffrances de ses com-
pagnons, et montré avec eux une vertu héroïque.
On lui fait fête ; et rien n'est si juste. Mais la Ligue
ni Lemaître n'ont pas le loisir de penser à rien
d'autre. Il faut choisir une croix, et les diamants,
et le ruban pour cette croix. *De minimis non curat*

Magister. L'offrira-t-on avec un discours? Ou en l'accompagnant de pleurs sans paroles? La portera-t-on sur un coussin ou sur un plat? Voilà de graves problèmes. Il faut, sans retard, les résoudre. Les juges et la justice peuvent attendre. Le droit et la vérité n'en sont pas à une heure de plus ou de moins. Voudraient-ils pas que...? — *De minimis non curat Magister.*

Du reste il porte en tout le même système. Si ce soldat lui plaît, il sourira. Mais s'il le gêne, il dira peut-être qu'il est juif. Pour ces grands défenseurs de l'armée, ni Picquart, ni Guerrier, ni celui-ci, ni celui-là, ni cet autre, ne sont des soldats. Galliffet n'est point général. Il n'y a de général que Zurlinden et Mercier. Si l'on dit que Galliffet est bon à tout faire, on n'offense point l'honneur d'un général, mais seulement celui de Galliffet. On peut, sans faire injure à l'armée, parler de Cordier comme d'un ivrogne et d'un homme perdu de vices. Mais il ne faut pas avoir de doutes sur l'honneur héroïque de Henry, qui a fait des faux en conscience, et parce qu'il avait l'âme trop vraie pour se satisfaire de la vérité de tout le monde. Il est permis et il est juste de traiter Picquart comme une fille, sans lui faire outrage. Il est permis et il est juste d'en faire un homme sans foi, sans mœurs, sans respect de soi ni de personne : mais loin d'outrager par là l'honneur militaire, c'est le servir, c'est le doubler. Mais il est impie de toucher à Esterhazy, ce noble cœur où revit le moyen âge, s'il faut en croire M. de Dionne, le général qui

enseigne Lemaître, à ce qu'il semble. Il est témé-
raire de porter la main sans respect sur cette her-
mine : on pourrait la souiller. Est-ce la main que
je veux dire?... Je le laisse à juger.

Il y a deux armées : la leur, qui se passe d'honneur et réclame le respect; et celle à qui ils prétendent enlever l'honneur en lui ôtant le respect
Des deux, vous, Lemaître, et vos amis, triomphez
d'avoir choisi celle qui triomphe. Mais son humi-
liation, peut-être, vous humiliera. Il ne faut pas
faire de choix coupable là où personne n'a plus le
choix. Vous ne l'aviez plus. Si la vérité reste
obscure, le mensonge s'est avoué. C'est un aveu de
poids qu'un cadavre. Il s'est mis dans la balance.
Le plateau est décidément trop lourd de l'ini-
quité. Vous ne le relèverez point sans briser le
fléau de l'État. C'est ce que vous nommez rétablir
l'ordre.

Vous ne dites pas vrai encore quand vous pré-
tendez tenir cette balance égale entre l'armée et la
justice. Vous aimez tant la justice, que vous ne
craignez pas de rendre haïssables les juges. Il
vous en coûte peu de les ravaler au mépris de tout
le monde. Vous faites tout le crédit qu'ils veulent
aux soldats. Vous refusez aux juges celui même
qu'ils méritent. Et vous insinuez perfidement que
vous l'accordez à la justice. Vous êtes trop bon
citoyen pour ne pas céder à la justice. Si vous ne
l'étiez si excellent, sans doute vous y résisteriez,
et à main armée, peut-être? Que la France est
heureuse de compter des serviteurs si respectueux

de l'État! Qu'elle est comblée de leur complaisance! Ils ne se révoltent point! Quel prodige d'obéissance! Vous confondez les ordres, toutefois. Vous mettez sur le même rang ce qui n'y doit point être; et vous comparez des grandeurs qui n'ont pas de commune mesure. Le tort des juges n'en fait presque aucun à la justice. Car elle ne dépend pas d'eux, qui dépendent d'elle. Mais, au contraire, la faute des soldats tombe sur toute l'armée, si elle s'y prête. Car l'armée participe de la force; et la nature de la force est de ne se séparer pas de ceux qui l'exercent. On ne la connaît pas sans eux. Et, parfois même, elle n'est pas distincte de son objet. — Vous vous soumettez donc à la justice de l'État; mais vous lui faites vos conditions : et c'est de vous plaire. Il ne vous faut pas une chambre de la cour : il vous en faut deux; il vous en faut trois. Et, sans doute, vous les donnât-on, il faudra vous en trouver une quatrième. Car ce que vous demandez d'abord, ce n'est que dans le secret espoir qu'on ne vous l'accorde pas. Enfin la cour de cassation sera toujours suspecte; et vous êtes du sentiment de ce pauvre diable qui criait l'autre jour, pour rendre la paix à l'État, de faire passer les juges en conseil de guerre. Comme à ce législateur, la justice militaire ne vous est pas si suspecte, surtout si elle prononce seule dans son propre procès. Ce n'est pas que vous l'honoriez davantage : personne ne vénère la justice plus que vous. Mais les juges vous en semblent beaucoup plus vénérables; et la raison en est, apparem-

ment, qu'ils n'ont pas appris le droit. Il n'y a rien
de mieux pour juger. On a scrupule d'absoudre.
Les juristes sont mauvais juges : ils ont scrupule
de condamner. La belle manière des juges, la plus
nouvelle, est de juger à cheval, avec le sabre. Il
n'y a pas de subtilité juridique qui vaille le fil de
l'épée ; entre le plat du sabre et le tranchant
tiennent toutes les lois. Il n'est point d'argutie ni
de perspicacité qui aille aussi avant dans le vrai
que le choix de l'estoc et de la taille. C'est là bien
juger. Le commandant, juge au Mans, qui traîne
pour la seconde fois à la barre un accusé que le général a pensé n'y avoir pas lieu de poursuivre, voilà
un homme qui sait juger. Il ignore les Codes ; mais
il sait faire la loi. Le juge de Dreyfus, qui trouva
contre lui cette preuve capitale, qu'il parlait l'alle-
mand, voilà encore un grand honnête homme de
loi. Et le capitaine d'Alger, qui tient pour valable
le témoignage de trois infâmes qui, ayant mis
eux-mêmes de l'argent dans le lit d'un juif, leur
voisin, pendant son sommeil, l'accusent de l'avoir
volé quand il se réveille, — voilà de bons juges.
En voilà au moins qui savent comme il faut s'y
prendre pour qu'il n'y ait plus en France que des
Français de France ; et si leur père était Espagnol,
Arabe ou Arménien, il n'importe s'il n'était pas
juif. Il n'y a que le juif qui ne soit pas Français.
— Mais j'espère que ce capitaine sera fait votre
juge, à tous, ce soir ou demain, comme vous le
souhaitez ; et qu'on vous donnera demain ces trois
bons Français pour jurisconsultes. Après les avoir

tant honorés, prenez garde un jour de tomber aux mains de si incorruptibles juges. Ils vous châtieront terriblement de les avoir trop aimés, à l'ordinaire de la violence, qui traite le respect en adulation, l'amour en crainte, et la soumission sans pensée en lâche femelle, qu'elle est. Ils vous châtieront. Car vous les avez compris, et ils ne veulent pas l'être. C'est les offenser.

Vous avez demandé aux partisans du juste, « d'où vient leur argent » ? Et voilà une question qu'il ne faut pas faire, ni à ceux-là, ni à personne. Car bien peu d'hommes y peuvent répondre. Et s'ils ont de l'argent pour être justes, comme vous pour ne l'être pas, je ne le sais point ; et je ne m'en soucie guère. Car je n'en ai pas. On ne m'en donne point, pour être ce que je suis ; et l'on me donnerait en vain tout celui qu'il y a au monde pour que je fasse le contraire, ni pour me faire parler si je veux me taire, ou me faire taire si je veux parler. Cette question sur l'argent est donc perfide. Vous n'êtes pas homme à croire que tous les hommes se peuvent acheter quand ils ne sont pas de votre avis : c'est mettre à prix le vôtre. Car s'ils sont tous achetables, c'est donc qu'ils sont tous à vendre. Et s'ils sont tous à vendre, vous l'êtes aussi. Mais vous savez bien le contraire ; et si vous en semblez douter, vous insinuez perfidement.

Vous pleurez d'un cœur sincère sur les maux de la patrie ; et l'on ne peut soupçonner votre sincérité. Mais votre pitié les envenime. Vous ouvrez à vos adversaires des bras où ils courent risque d'être étouffés. Vous leur accordez un pardon dont ils ne veulent point et dont vous savez qu'ils ne voudront pas. Aussi le semez-vous d'embûches. Vous les appelez de bouche, et votre cœur les repousse. Vous leur rendez le nom de Français, comme s'il n'était pas le leur, et qu'il fût en vous de les en priver. Vous leur en faites la grâce, de manière que vos amis à grands cris la leur refusent. « Non ! non ! » crient-ils ; et il faut les en croire, plutôt que vous, qui n'êtes si fort que parce que vous les en croyez, et qui tirez cette noble force de leur grand nombre. Ainsi, jusque dans votre indulgence s'insinue une perfide hostilité. Et votre miséricorde frappe perfidement dans le dos ceux à qui vos lèvres proposent le baiser de paix.

Voyez enfin un peu vous-même ce qu'est votre paix, à qui elle se refuse et sur quoi elle s'exerce. Pénétrez, si vous l'osez, l'imposture de ceux qui vous poussent. Car vous n'êtes qu'un instrument. Je vous y forcerai bien. Ce délicat ne sera pas libre d'aider les violents de sa délicatesse, sans qu'elle ait à se faire le reproche de la violence. Il ne faut pas servir deux maîtres. Vous n'êtes plus ici dans les jeux d'esprit. Vous êtes entré, sans le savoir, dans la route où la parole devance les actes, mais non de plus loin qu'un pied ne marche en avant de l'autre. Vous n'avez pas cru, peut-être, quitter le chemin où l'on cueille l'amusement d'un bord et de l'autre, et des deux mains. Vous vous flattiez de le semer, à côté de vos fleurs trop respirées et flétries, de séductions plus solides contre l'ennui.

Détrompez-vous. C'est ici une route où les cailloux eux-mêmes ont des griffes qui cherchent une proie, et du sang qui veut verser le sang.

Comme ils abusent des idées les plus vénérables, les fourbes ! Comme ils en jouent. La patrie et l'honneur, la piété envers les morts, la charité du genre humain et l'amour de la terre natale, autant d'armes pures, qu'ils trempent dans leur poison pour en poignarder leurs ennemis dans le dos. La comédie du devoir, où l'ont-ils apprise ? En manquant à tous les leurs. Mais il suffit qu'ils foulent les juifs aux pieds pour rentrer en toute leur dignité d'hommes par l'accomplissement de ce devoir suprême. Car que demanderait-on de plus à quelqu'un, que de fouler les juifs aux pieds ? — Quel assassin ne s'y laverait pas du sang versé ? Quelle âme basse n'en serait pas rehaussée au plus haut point ? — Les fourbes... Que les voilà délicats, et de la fibre morale la plus facile à blesser... Quels citoyens sans faute, dévoués à l'ordre et à l'État, jusqu'à la mort : jusques à celle du juif, en effet. Car tout est là.

Qui a jamais eu, pour la mort, le respect qu'ils montrent ? Un faussaire mort est un héros. Un parjure mort est l'incarnation de la patrie. Si l'on en doute, c'est la femme de ce parjure dont on trouble les larmes, dont on insulte la douleur ; ils la traînent en public, cette nouvelle Cornélie, qu'il faut honorer entre toutes les femmes, sur ce que l'homme qu'elle a perdu est mort parjure entre tous les parjures. Il fait bon d'être mort parmi

ces vivants. Une indignation qui ne se peut conte-
nir les anime et les emporte. La plus lâche des
infamies, selon eux, est de toucher au nom de
cette femme. C'est mon avis ; et ce sont eux qui
se rendent coupables envers cette femme du crime
le plus lâche : car ils publient partout ce nom,
dont il lui faudrait rougir. Mais ils l'honorent, au
contraire ; et ils en ont une raison infaillible : c'est
qu'il ne s'est déshonoré que contre des juifs. Quel
honneur vaut ce déshonneur-là ? — Les fourbes...
Comme ils jouent de ce cadavre, qu'ils font à leurs
adversaires un crime sans pardon de remuer. Ils
l'eussent tué eux-mêmes, il ne les servirait pas
davantage. Ce mort excellent est l'emblème de leur
excellence, et en lui se glorifie leur imposture. Il
n'y a qu'un misérable juif pour s'approcher sans
respect de cette tombe ouverte par la honte. Car
le sépulcre fait aux honteux de la terre une gloire
souterraine : c'est, du moins, la doctrine de ces
misérables, en vérité eux-mêmes plus qu'à moitié
morts. Comme ils mêlent, là-dessus, l'indignation
outrée, la déclamation et la menace aux outrages.
Mais à qui vont-ils faire croire, dans le monde,
qu'un parjure et qu'un faussaire mort se soit par-
juré par vertu, et que ses faux sont honorables ?
A quels pauvres d'esprit veulent-ils persuader une
telle morale, quand même ils s'offriraient à des
têtes hors de sens, étourdies par toute sorte d'insultes ? Et s'imaginent-ils que des hommes accep-
teront longtemps de tels préceptes et resteront
hommes cependant ?

Leur piété envers les vaincus, les méchants punis et les cadavres, on l'a vue, depuis dix ans. Avec quel respect n'ont-ils pas traité le « juif de Nivilliers », comme ils disent, et quelles injures n'ont-ils pas prodiguées à ce mort? Qu'il fût le voleur qu'ils prétendent, que m'importe? Il ne l'était pas plus que n'est parjure leur héros de probité. Et mort, il n'était pas moins mort, peut-être. Mais quoi? Ce n'est qu'un juif. On ne profane pas le cadavre d'un juif. On ne manque pas à ce fameux respect des tombes en souillant celle d'un juif. En y fouillant, on ne la viole pas. Est-ce qu'un juif meurt? Il fait mine, seulement. S'il se tue, c'est pour rire, et d'un rire de juif. S'il souffre, il fait semblant. Et d'abord, est-ce qu'un juif a le droit de souffrir? — Ils ont là-bas, dans leur sauvage Barbarie, un Jésus digne d'elle et digne d'eux. Celui-là n'est pas juif, comme le Sauveur mis en croix. Mais il est justement fait pour sauver ces barbares; et quand il parle au peuple, il lui montre où est le salut, selon le nouvel Évangile : à piller les maisons, à égorger les vieilles femmes, à jeter dans la mer les mendiants, à arracher la barbe aux vieillards, et à priver les pauvres de leur pain. Mais est-ce que le poil d'un juif tient à sa chair? Est-ce qu'un juif a faim? — Voilà le respect admirable que ces fourbes ont pour la vie et la mort d'autrui.

Ils n'honorent pas moins les femmes. Ils font des livres uniquement dans ce dessein. Ils les consacrent aux « femmes d'Israël », selon leur mot, et pour bien montrer qu'il y a femme et femme.

Et de même, il y a respect et respect. Leur but est
de noyer ce qui en fait l'objet dans l'ordure et
dans la boue. Mais s'il y a deux respects dans le
monde, deux sortes de femmes, deux sortes d'hu-
manité, l'une contre qui tout est permis, et l'autre
à qui doivent céder la vérité et le fait même, il
n'y a certes qu'une espèce de honte : et il n'est
pas besoin de chercher ailleurs qu'en eux pour la
trouver spécifiée.

S'il est vrai que l'homme qui meurt là-bas dans
les fers, sous le poids d'une haine effroyable, soit
l'auteur du crime pour lequel on l'a condamné, et
n'en soit pas, au contraire, la victime, — quel cadavre plus froid, plus morne, plus désespéré, y
avait-il que lui ? — Lequel avait plus droit au silence,
puisqu'il subissait une peine éternelle ? — Depuis
qu'il y a des lois, où a-t-on jamais vu ceux qui les
appliquent s'acharner sur le misérable à qui elle
est appliquée ? Quand on lui a tout pris, et qu'on
lui laisse de surcroît le don funeste de la vie, n'a-
t-on pas assez fait ? Ne laisse-t-on pas dormir les
morts ? C'était là un mort effroyable. Et quelle
tombe plus solitaire que celle de la honte ? — Mais
ces grands vénérateurs de la mort se sont préci-
pités sur ce cadavre, comme des chacals à la curée.
Il n'y a pas eu de jour où le nom de cet homme
ne fût l'arme aiguisée contre tous ceux de sa race,
comme si on les avait tous dû reconnaître à ce
signe, et seulement à celui-là. Le droit sacré que
son frère avait de le défendre a été pour ce malheureux l'origine d'insultes sans mesure, sans

nombre, sans le scrupule même du dégoût, à défaut du regret. Pas un de ces fourbes n'a daigné
seulement se dire que peut-être ce frère ne défen-
dait son frère que parce qu'il ne le croyait pas
coupable. Non ; c'est encore là une des questions
qu'ils ne se sont pas posées. Mais que leur importe ?
— Ils ne poursuivent pas un homme : c'est tout ce
qu'ils appellent une race, que leur démence pour-
suit en un seul homme. Ce n'est plus lui seul, ce
ne sont pas ses actes, ce sont ses pères, ses frères,
qu'ils tirent de la tombe, qu'ils barbouillent d'in-
famie, jusqu'à la millième génération. Et voilà le
profond respect de la mort qui bat dans le cœur
de ces grands vénérateurs de la mort, dont l'indignation n'a pas de bornes, si l'on touche à un de
leurs cadavres.

Il vous faut savoir, Lemaître, quels fourbes sont
vos amis, et à qui vous donnez la main. Il ne vous
sera plus permis de faire ici vos grâces. Le temps
est passé de la comédie.

Quand je laissai Lemaître dans son village, je
n'ai pas dit l'état où je l'avais quitté. Dans l'ennui
de se voir lui-même, il était étendu sur le sol, et
son cœur battait contre la large poitrine de la terre.
Il resta là, surpris, abattu, étendu. Puis une
extrême surprise le saisit de voir que, pareille à
la plus grande partie de sa vie et de son âme, la
moitié de son corps était frappée de paralysie.
Plus rien ne vivait en lui, que ce côté gauche,
appuyé à la terre natale. Elle seule lui rendait la

chaleur; seule, elle lui conservait le souffle. Le reste de cette chair, lasse de servir, et despotique à la manière des esclaves complaisants aux vices de leur maître, presque tout ce corps affaibli, incapable de mouvement, sans force, et lourd d'une charge mortelle, — c'était l'image d'une pensée envieillie dans la futilité et les corruptions du mauvais rire. Il voulait se remettre debout, se dresser joyeusement et courir d'un pied agile, comme autrefois. Mais sa faiblesse le tenait consterné; et l'ombre de la mort, au soleil plus haut, se faisait peu à peu moins oblique : la mort, qui ramasse sur les routes la vie desséchée. Cependant, il fermait les yeux dans une sorte de résignation muette; car l'ennui aussi instruit l'homme à se résigner. Dans cette nuit, où la partie morte de lui-même n'effrayait plus sa vue, et ne le mortifiait pas tout entier, une clarté soudaine brilla dans le fond de son cœur; et une voix intérieure lui parlait, — celle de la terre maternelle.

« Plus qu'à moitié détruit par le temps et le mal, sauve enfin le reste. Demeure ici. Ne mens plus. Par-dessus tout, ne fais pas le mensonge de dire la vérité. Sache que tu ne peux la dire. Il ne t'appartient plus. Sois vrai, d'abord. Rends-toi donc vrai, car tu as cessé de l'être. Ne le sais-tu pas? Songe à ta vie. Pèse l'air que tu respires. N'en oublie pas la lourdeur et l'impureté, dense en toute sorte de poisons. Ils sont détestables, et tu ne le nies point : cependant, tu ne les détestes pas. Tu t'en délectes, au contraire. Réforme-toi, si tu prétends rien réformer. Cesse de prendre la vie pour un cirque, où des bouffons se jouent, et où tu te joues à suivre leurs jeux. La neige où, l'hiver, je garde, en ces champs, les formes de la vie, n'est pas un sable de piste. Ces arbres, ce ciel, ces eaux et ces créatures éparses, depuis la source qui cherche son versant, jusques à l'homme qui mène à son terme une journée de deuil et de joie, — ce ne sont point là des papiers peints, ni des mannequins de théâtre.

« Rien n'est si léger qu'il ne soit plus grave encore. Regarde : tout tient entre deux profonds abîmes, d'une horreur effrayante, d'une profondeur infinie. Et tu rirais sur le fil qui te porte? Songe, songe à la vie. Que la première ombre de la mort te fasse mieux connaître la face impassible de la vie, — comme en quittant le plein soleil, où les yeux sont aveuglés par l'éblouissement, l'on retrouve la vue à l'ombre d'une muraille. Regarde ce visage si grave et si auguste, où les mots et les éclairs du bonheur laissent une trace unique de tristesse, reflet de la force qui les produit et de la grandeur qui les accepte. Tu ne peux rien si tu ne le peux d'abord sur toi. Et tu ne peux rien sur toi si tu n'es pur. Purifie-toi. Ce n'est point la sainteté que je te propose; — et la pureté n'en est pas seulement faite. Mais c'est à la vérité, au respect du grave univers que je t'invite. Ne méconnais plus qu'une vue profonde de la vie est la première vertu de l'homme, et la marque d'une pensée véritablement intelligente. Admire donc, enfin, comme, avec tout ton esprit, ton intelligence est petite. Le saint ne naîtra jamais de toi ; mais tu peux susciter en toi-même une vue du monde moins impure. Lave donc tes yeux, que tant d'indignes objets ont retenus, et qu'ils cherchèrent ; baigne-les dans les sources d'une intelligence claire, non mêlée d'intérêt, où le soleil du devoir puisse enfin mirer des rayons que rien n'entrave. Reste ici, où tout ce qui survit de bon et de vrai en toi a sa racine, et où elle puise la sève. Paralytique comme tu l'es, guéris-toi en premier lieu. N'oublie point que tu ne peux porter aux autres que ta chair morte et ta paralysie. Et redoute enfin le grand mensonge, n'ayant pas cessé de mentir à toi-même, de croire que, sans mentir à tous les autres, tu puisses leur offrir la vérité. »

Cette mère parla de la sorte à ce fils, qui l'aimait, et ne pouvait plus l'entendre. Son esprit était trop gâté ; il n'en voulait croire que les élans du cœur, où battait encore le sang de la mère. — En cet homme aussi, comme en tant d'autres, et contrairement à ce qui se répète, c'est le cœur qui est dupe de l'esprit. Il se croit capable, ce cœur, des œuvres où cet esprit pervers sait bien qu'il ne suffit pas. C'est l'intelligence qui leur fait défaut à tous ; et ils se tiennent pour si intelligents qu'ils font fi de l'intelligence. Elle le leur rend. Lemaître, de son bras mort, tendit une main cordiale à l'action. Mais cette main est morte ; elle est corrompue ; elle corrompt. L'action qu'elle serre ne peut être qu'un fantôme d'action et doit tomber en poussière. Cette main perdue fait pitié, quand elle saisit la patrie. Que peut être l'embrassement de cette femme immortelle et de ce paralytique? — Qu'en peut-il sortir? — Non pas même l'erreur, ni un nain, ni un monstre : un dé de cendres, un souffle de néant.

P.-S. — Du reste, je ne vois pas de raison de ne point accorder à la cour, toutes chambres réunies, le jugement de l'affaire dont la chambre criminelle a fait l'enquête. Je ne vois point de raison de le refuser, dis-je : hormis une seule — qui est de l'accorder à ceux qui le réclament. Car demain, se fondant sur ce succès, que ne sera-ce pas qu'ils exigeront? Ils vont parler en maîtres. — Pour le reste, je ne me porte garant ni de Dreyfus, ni de Picquart, ni de Cordier. Mais si je suis dans le doute sur ce qui regarde ces hommes, en ce qui concerne Esterhazy et l'héroïque Henry, je ne doute pas : car un assassin en paroles est un demi-meurtrier; et un homme qui fait des faux, qui les met en action, qui s'en laisse arracher l'aveu, peut être un héros parmi les faussaires, mais il ne l'est que pour eux. Et ni Lemaître, ni Herpin, ni la doctrine même de Beaurepaire, ni le Cujas des romans feuilletons n'y pourra rien changer.

Paris. — Typ. Chamerot et Renouard, 19, rue des Saints-Pères. — 87606.